Cristóbal de Virués

La gran Semíramis

Barcelona **2024**
Linkgua-ediciones.com

Créditos

Título original: La gran Semíramis.

© 2024, Red ediciones S.L.

e-mail: info@linkgua.com

Diseño de cubierta: Michel Mallard.

ISBN tapa dura: 978-84-1126-665-9.
ISBN rústica: 978-84-96428-53-9.
ISBN ebook: 978-84-9897-648-9.

Cualquier forma de reproducción, distribución, comunicación pública o transformación de esta obra solo puede ser realizada con la autorización de sus titulares, salvo excepción prevista por la ley. Diríjase a CEDRO (Centro Español de Derechos Reprográficos, www.cedro.org) si necesita fotocopiar, escanear o hacer copias digitales de algún fragmento de esta obra.

Sumario

Créditos _____ 4

Brevísima presentación _____ 7
   La vida _____ 7

Personajes _____ 8

Acto I _____ 9

Jornada primera _____ 11

Jornada segunda _____ 35

Jornada tercera _____ 63

Libros a la carta _____ 93

Brevísima presentación

La vida
Cristóbal de Virués (1550-1614). España.
 Su padre, Alonso de Virués, fue un médico cercano al humanista Luis Vives. Y sus hermanos tuvieron formación literaria: Jerónima fue una experta latinista; mientras que Francisco fue poeta y doctor en teología; y Jerónimo, médico y poeta, perteneció a la Academia de los Nocturnos.
 Cristóbal de Virués fue respetado por Miguel de Cervantes, quien elogió su heroísmo en el Canto del Turia y alabó en el Quijote su poema épico El Monserrate .
 Virués combatió en la batalla de Lepanto y en Milán, y se retiró con el grado de capitán a Valencia en 1586.

Las *Obras trágicas y líricas de Virués* (Madrid, 1609) incluyen cinco tragedias que escritas entre 1570 y 1590: *La gran Semíramis*, *La cruel Casandra*, *Atila furioso*, *La infelice Marcela* y *Elisa Dido*.

Personajes

Nino, rey de Asiria
Menón, su capitán general
Semíramis, mujer de Menón
Zameis Ninias, hijo de Nino y de Semíramis
Janto, consejero del rey
Creón, consejero del rey
Troilo, consejero del rey
Oristenes, consejero del rey
Zopiro, criado de Menón
Zelabo, soldado
Tigris, soldado
Teleucro, soldado
Gión, soldado
Diarco, portero
Pueblo
Prólogo
Tragedia

Acto I

    Como el sabio pintor en varias formas
con los colores y pinceles muestra
de fuertes y prudentes capitanes,
de poderosos príncipes y reyes,
las célebres vitorias y altos triunfos
dignos de eterna y memorable historia
para dechado de las almas nobles
que al punto excelso de virtud aspiran,
así el poeta con divino ingenio,
y con una invención cómica alegre
ya con un caso trágico admirable
nos hace ver en el teatro y escena
las miserias que traen nuestros pechos,
como el agua del mar los bravos vientos
y todo para ejemplo con que el alma
se despierte el sueño torpe y vano
en que la tienen los sentidos flacos,
y mire y siga la virtud divina;
con este fin, con este justo intento
hoy en su traje trágico se ofrece
la vida y muerte de la gran Semíramis,
tirana reina de la grande Asiria.
Y solamente, porque importa, advierto
que esta tragedia, con estilo nuevo
que ella introduce, viene en tres jornadas
que suceden en tiempos diferentes:
en el sitio de Batra la pirmera,
en Níneve famosa la segunda,
la tercera y final en Babilonia.
Formando en cada cual una tragedia
con que podrá toda la de hoy tenerse
por tres tragedias, no sin arte escritas.

Ni es menor novedad que la que dije
de ser primera en ser de tres jornadas,
y de esto al fin y lo demás se advierta
con su alto ingenio cada cual, y admita
lo que más la virtud en sí despierte,
que es el fin justo a que aspirar se debe.

Jornada primera

(Menón, Zopiro hombre, de hábito en Semíramis.)

Menón   El fiero son del temeroso asalto,
que enciende y hiela los humanos pechos,
subía por el aire a lo más alto
de los eternos estrellados techos,
cuando, con amoroso sobresalto,
en medio de la armas y pertrechos
me dieron, mi dulcísima querida,
nueva de vuestra súbita venida.
   Arremetía ya el abierto muro,
puestos los ojos en la gloria y fama;
pero sabiendo que llegastes, juro
que me trajo volando a vos mi llama
y, aunque el honor viniendo me aventura,
verá quien me juzgare, si me infama,
que importa más gozar de vos, mi cielo,
que cuanta gloria puede darme el suelo.
   Semíramis querida, ¿es cierto, es cierto
que llegastes a ver al que os adora;
al que es sin vos un cuerpo casi muerto
que eternamente gime, pena y llora?

Semíramis   Amado esposo, alegre y dulce puerto
de mis deseos, si llegara ahorad
a ser universal reina del mundo,
al bien de veros fuera bien segundo.

Menón   Era tal el dolor de verme ausente
de vos, que sois mi bien, mi gozo i gloria;
acrecentava tanto el fuego ardiente
de mis dulces deseos la memoria,

que tuviera sin duda la inclemente
muerte ya de mi vida la vitoria,
si no esperara verme en esos ojos,
que convierten en glorias mis enojos.
   No los peligros de la guerra airada
ni sus trances crueles y furiosos,
no el ver la frágil vida aventurada
en los bravos rencuentros temerosos,
no el ver de la Fortuna la enojada
cara, con mil desdenes rigurosos,
mellaran de mi pecho los azeros,
sino solo dejar, mi bien, de veros.
   Y no vitorias que la guerra ofrezca,
ni prósperos sucesos y grandezas;
ni ver que mi, apellido y nombre crezca
con hazañas notables y proezas;
ni ver que la Fortuna me enriquezca
con sus mayores bienes y riquezas,
darán contento a esta alma que os adora,
sino solo gozar de vos, señora.

Semíramis   Según eso podéis estar contento,
Menón, querido esposo, pues os pago
con otro tal vuestro amoroso intento,
y con mi fe la vuestra satisfago;
y si es verdad que lo que digo siento
bien lo podéis juzgar por lo que hago,
en haber emprendido este viaje
con éste al mío diferente traje.
   Pero dejemos cosas tan sabidas,
como son las conformes voluntades
que tienen abrazadas nuestras vidas
para firmes y eternas amistades,
decidme las cosas sucedidas

en la gran rebelión de estas ciudades,
y el punto de la guerra, y algún hecho
de vuestro valeroso brazo y pecho.

Menón   De mí no hay que decir más de que atiendo
por segunda persona del gran Nino
a mi gobierno y cargo, prosiguiendo
de la alta gloria el áspero camino,
a los graves peligros ofreciendo,
con el favor de mi fatal destino,
esta vida, que solo por ser vuestra
la Fortuna le da la amiga diestra.
   La guerra siempre ha sido y es tan brava,
tan cruel, tan sangrienta y rigurosa,
que al cielo parecía que admiraba,
y a la tierra tenía temerosa;
el Sol con tristes rayos lo mostraba
y con la faz sangrienta y tenebrosa,
y de la triste tierra mil temblores,
mostraban sus espantos y temores.
   Pero ¿cuál cielo o tierra o elemento,
cuál animal, cuál piedra o cuál acero
dejará de mostrar gran sentimiento
habiendo visto aquel conflito fiero
en que murieron un millón y un cuento
de hombres de las dos partes, y el primero
el sabio Zoroastes, rey famoso
de este pueblo soberbio y belicoso?
   Retiróse después de esta batalla
el príncipe Alejandro con la gente,
dentro de esta fortísima muralla
adonde se defiende osadamente;
ningún ardid, ninguna fuerza halla
aunque mil cada día Nino intente,

	para poder entrar la fuerte tierra en diez meses que dura el cerco y guerra. Hoy con todo el ejército arremete a la fuerte ciudad por cinco partes, y son, sin el asalto de hoy, ya siete sin mellar sus soberbios baluartes.
Semíramis	¿Y cómo por aquí no se acomete?
Menón	En vano son las fuerzas y las artes para sitio tan áspero y tan fuerte.
Semíramis	Antes, señor, es flaco y llano. Advierte: En estos altos riscos confiados tienen, según lo veo, sin defensa todas estas almenas los cercados, seguros de tener por aquí ofensa, y assí mientras que de esto descuidados acuden todos a la furia inmensa de la gente de Nino, fácilmente subir por aquí puede alguna gente.
Menón	No digáis más, señora, que ya al cabo estoy de vuestro heroico pensamiento; el consejo discreto y sabio alabo y en obra le pondré luego al momento. Zopiro, vuela y llámame a Zelabo y di que, con presteza de ave o viento y con sus valerosas camaradas, hasta aquí siga en vuelo tus pisadas.
Zopiro	Yo voy volando.
Menón	Ve en un punto y vuelve.

        I vos, dulce Semíramis, querida,
al corazón que en fuego se resuelve
y en él, cual Fénix, halla nueva vida,
mientras vuestro valor y ser revuelve
dadle en vuestra alma albergue y acogida,
para que entienda de ella las grandezas
y goze sus tesoros y riquezas.
    De ese divino espíritu que anima,
esa belleza única en el mundo,
de ese divino aviso que es la prima,
y de ese rico ingenio sin segundo,
de ese valor que pone espanto y grima,
y de ese entendimiento tan profundo,
tan acertado aviso estaba cierto.

Semíramis	Tengo vuestra alma en mí y por esso acierto.

(Salen Zopiro, Zelabo, Tigris, Gión, y Teleucro.)

Zelabo	Capitán valeroso y señor mío, ¿qué se ofrece en que emplee mi persona y las de de Tigris, Gión y Teleucro?
Menón	Seas, Zelabo amigo, bien llegado. Sabiendo tu valor, esfuerzo y honra y la de tus valientes camaradas, os envié a llamar, para que un caso emprendáis, digno del heroico pecho que cada cual en otros ha mostrado; por esta parte veo sin defensa al enemigo, por la confianza que en estas peñas enriscadas tiene. Pienso, sin duda, amigos míos fieles, que, si arrimáis escalas, fácilmente

	podéis veros los cuatro sobre el muro,

                    podéis veros los cuatro sobre el muro,
                    y en él subidos, en lo demás callo,
                    pues sé lo que sabéis en tales trances
                    y lo que pueden vuestras manos fuertes.

Zelabo   Tigris, trae volando aquí una escala;
                    y tú, famoso general, advierte
                    que primero verás hechos pedazos
                    los cuerpos de estas fuertes camaradas
                    y el de Zelabo, tu mayor amigo,
                    que vernos retirar un pie si acaso;
                    para poner los nuestros sobre el muro
                    la Fortuna nos da la amiga mano.

Tigris   Ya la escala y el ánimo están prestos.

Zelabo   Pues arrímala luego al fuerte muro,
                    y con vuestra licencia yo el primero
                    subo por ella al trono de la gloria,
                    donde la eternidad ponga mi nombre
                    en boca de la Fama pregonera
                    de heroicos hechos como el que emprendemos.

Tigris   Yo te sigo con deseo ardiente
                    de ser segundo en tus famosas obras.

Gión   Yo, a tales dos, procuro ser tercero,
                    para que llegue el nombre de mi espada
                    donde llegan mis altos pensamientos.

Teleucro   Y si entre tales tres yo fuere cuatro,
                    gloria será que podré ser con ella
                    famoso eternamente en todo el mundo.

Menón	Ea, valientes y animosos hombres, que éste es el día que os ofrece el cielo, pues demás del honor, que es primer prenda, el segundo que yo ofreceros puedo debaxo de mi fe y palabra, ofrezco que será cual merecen vuestros pechos.
Zopiro	I yo con tu licencia también subo.
Menón	No esperaba yo menos de tu espíritu.
Zelabo	¡Mueran, mueran; victoria, Asiria, Nino!
Pueblo	¡Libertad, Batra, al arma, al arma, al arma!

(Vanse. Después de gran batalla dentro, salen Nino, Menón, Semíramis, Zelabo, Tigris, Gión, Teleucro, y Zopiro.)

Nino	Soldados valerosos y prudentes, del suelo y cetro Asirio honor y gloria para todos los siglos y las gentes a vosotros se debe la vitoria y el alto triunfo de este alegre día, de quien tendrá la eternidad memoria. Vuestra prudencia y vuestra valentía han dado honroso fin a mi jornada, cuando la suerte en duda le tenía; y assí vuestra alta empresa y señalada, demás del premio eterno que grangea, por mí será también gratificada. Haré yo, buen Zelabo, que se vea por el premio que os diere cuál fue hecho y que en él mire quien valer dessea.

Zelabo	El premio es agradarte, y satisfecho
cada cual de nosotros queda, habiendo
en tu servicio este servicio hecho,
del cual solo Menón la causa siendo
a él solo, señor, todo se debe
cuanto yo pude obrar obedeciendo.
Menón	No es bien, Zelabo, que el oído cebe
en esas tus corteses alabanzas
sin que con cortesía las reprueve;
tú el premio, tú el honor, Zelabo, alcanzas
con tus fuertes y honrados compañeros.
Nino	Cesen los cumplimientos y crianzas.
Todos sois valerosos cavalleros;
todos mostráis prudencia y fortaleza,
dos cosas contra quien no hay ofendederos,
y sepa yo quién fue de esta proeza
el inventor.
Zelabo	Menón.
Menón	Señor, no ha sido
sino esta sierva tuya.
Semíramis	Vuestra Alteza
me dé la mano.
Nino	Levantaos; yo os pido
que el caso me contéis extensamente,
y quién es el que es hombre en el vestido
y vos le dais el nombre diferente.
Menón	Cuando tuve el gobierno de la Siria

poderoso monarca, y Rey del mundo,
tus haciendas y tierras visitando
al lago de Ascalón llegué, do estaba
Sima, el gran mayoral de tus ganados,
en cuya casa como me alojase
a Semírarnis vi, su hija única,
de la cual me pagué tanto, que luego
la pedí por mujer al viejo padre,
que me la dió con gran contento y gusto;
y yo la recibí con gozo y gloria;
de allí vine a servirte en esta guerra,
y a mi mujer de allí la embié a Nínive
donde ha estado, aunque sola, acompañada
de mis padres, mis deudos y mi alma.
No la quise traer comigo entonces
así por excusarle los trabajos
del militar desasosiego, como
por pensar que la guerra fuera breve;
pero viendo alargarse la jornada
y crecer la pasión en mi de ausencia,
pedíle que viniese a verme, y ella,
en este traje puesta, vino, a causa
de venir más segura y desenvuelta.
Hoy llegó, y en llegando, como supo
de mí el asalto que se daba a Batra
y viese este lugar, ella dió el orden
que Zelabo y los suyos han tenido
para hazer la varonil hazaña,
y éste es extensa y brevemente el caso.

Nino   Hame puesto, por cierto, maravilla;
pero, Menón, antes que sea más tarde,
id a poner en orden el ejército,
haciendo que la gente se retire

	a sus alojamientos y que quede la ciudad con la guardia que conviene; Zelabo y los demás que están presentes vayan con vos, y en tanto, en este puesto puede quedar Semíramis conmigo.
Menón	Haráse todo lo que mandas luego.
(Vase Menón.)	
Nino	Que de Nínive llegáis ¿es posible? ¿Creerélo? Por cierto en lo que mostráis antes creo que del cielo, hermosa dama, bajáis. 　Y está muy claro de ver que esa belleza y aviso dan cierto indicio de ser un Ángel del Paraíso, no, como fingís, mujer; 　pero si sois verdadera mujer, y yo devaneo, pienso que sois lo que fuera un Ángel, a lo que creo, si un Ángel cuerpo tuviera. 　Casi más que naturales mil cosas en vos se ven con que dais claras señales de las que por fe se creen de espíritus celestiales. 　Hasta aquí en las más hermosas lo más que visto se ha es una mezcla de cosas que son tenidas acá

por más lindas y preciosas;
   Y éstas con tanta belleza,
con tal orden y artificio
puestas por Naturaleza
que den admirable indicio
de su poder y grandeza.
   Mas es sobrenatural
cuanto en vos miro y contemplo,
y así creo viéndoos tal,
que sois verdadero ejemplo
del divino original;
   que en vos la descompostura
cuanto más queráis usarla
vencerá a la compostura
donde más perficionarla
naturaleza procura,
   y vuestra sombra será
luz más eficaz y clara
que la luz que ella dará
a la más hermosa y rara
imagen que pintará.
   ¡Oh, cuán bienaventurado!
¡Oh, cuán de veras dichoso
es, señora, el que ha llegado
a ser vuestro amado esposo,
a ser vuestro esposo amado!
   Y quizá, si a mano viene,
no lo sabrá conocer,
que ordinariamente aviene
no saber hombre entender
la dicha cuando la tiene.
   No fuera Nino Menón,
aunque Menón fuera Nino.

(Aparte.)   (Mas ¡qué poco corazón!

        Si a serlo me determino,
¿quién hará contradicción?
   Mas ¿Haréle fuerza yo?
Sí, pues me la hace a mí
el amor que me rindió.
¡Qué presto que he dicho sí!
¡Qué cierto agüero de un no!
    Mas no es tiempo ya de estar
suspenso ni embelesado;
quiéreme aquí remediar,
pues la Fortuna me ha dado
ocasión, tiempo, y lugar.)
    Bella Semíramis, veo...

Semíramis   Señor, no me digas más;
ya adivino tu deseo.

Nino   Con adivinar harás
que crea más lo que creo,
   que es de potencias divinas
el adivinar; mas di,
señora, lo que adivinas.

Semíramis   Adivino lo que oí
Y entiendo lo que imaginas.
   Creo que quieres hacer
contra toda ley y fuero
aquesta triste mujer
de mujer de un cavallero
esclava de tu querer.

Nino   No sufriré tal; agora
digo que adivinas mal,
por mi esposa y mi señora

                    te quiero, y hacerte igual
                    con esta alma que te adora.

Semíramis   Príncipe y señor, pues miras
                    a la obligación que tienes
                    y de la pasión retiras
                    la razón con que te avienes
                    en las obras con que admiras,
                        y pues a tus pensamientos
                    tu generoso valor
                    dió siempre fines contentos
                    haciéndote vencedor
                    contra mil fieros intentos,
                        ese valor tan profundo
                    no te falte agora aquí
                    si le quieres sin segundo,
                    pues es más vencerse a sí
                    que vencer a todo el mundo.
                        Y más que será notado
                    en un rey tan poderoso,
                    ya que así lo hayas pensado,
                    hacerse por fuerza esposo
                    de esposa de su criado.

Nino   No curéis de adelgazar
                    tanto lo que hace un rey,
                    pues es de considerar
                    que su voluntad es ley
                    y cual ley se ha de guardar;
                        y más viendo que le fuerza
                    al rey otro rey mayor
                    y en su pretensión se esfuerza,
                    que es el poderoso Amor,
                    contra quien ni hay ley ni fuerza.

     Así que dejando aparte
livianos inconvenientes
faltos de razón y de arte,
tomad los casos presentes
como el Amor los reparte;
     y no os duela de Menón
que le daré por mujer
en vuestra satisfación
quien no lo pudiera ser
sino por vuestra ocasión.
     A mi hija le prometo,
y aunque pierde más en vos
y él es valiente y discreto,
no fueran pares los dos
sino por vuestro respeto;
     así que él y vos y yo
ganamos, y siendo así,
pues el Amor lo ordenó
justo es que me deis el sí,
y sería injusto el no.
     Dándome este sí, señora
de mis estados seréis
y de esta alma que os adora,
y estado al igual tendréis
del ánimo que en vos mora.
     Así vuestro ser tendrá
el grado que le conviene
sin quien sin razón está;
mas Menón veo que viene
y él por mí os lo rogará.

(Sale Menón.)

Menón   Queda, señor, como mandaste en orden

la gente del ejército y del pueblo;
la una por cuarteles dividida
y la otra rendida ya y sujeta.
Hay un cuerpo de guardia en cada plaza
de aquel cuartel que cada nación tiene,
y en el Alcázar alojé tu guardia
y allí Creonte, su Capitán, queda
repartiendo las guardas y las postas,
allí también, porque en estremo es grande
el Alcázar real y fuerte y rico,
la gente de tu casa y corte alojan;
al fin todos están bien repartidos
y todo está en el orden que conviene.
Yo llegué a tiempo cuando fui al Alcázar
que pude entrar con la primera gente
que al saco de él entraba codiciosa,
y subiendo el primero, en una cuadra,
después de unos hermosos corredores
y de dos grandes salas, entré, y hallo
en ella una visión horrenda y brava,
un horrendo espetáculo espantoso,
al príncipe Alejandro, desarmado,
vi tinto en sangre desde el pie a la frente
sin espada ni daga, sino sola
esta soga cruel, con que ahorcado
estaba de las verjas de una reja,
que a aquella cuadra sale de un retrete.
Al tiempo que yo entré, aún vi las piernas
y los brazos moverse, y sentí un grito
ronco, triste, espantoso y mal formado.
Corrí volando, y con la espada al punto
corté la soga para darle vida,
pero por presto que lo hice, tarde
fue para el desdichado de Alejandro,

          que sin alma cayó ante mí, poniendo
          terrible horror y lástima y espanto
          a los que vimos el doliente caso.
          Ésta es la soga que quité al cuitado,
          que la traje conmigo para ejemplo
          de los crueles casos de Fortuna.

Nino   También quiso mostrarnos Alexandro
          su furor diabólico en la muerte,
          como en la vida justa paga tiene
          de sus soberbios y arrogantes hechos;
          pero dejemos estas cosas, y oye,
          Menón querido, una en que mi gusto,
          mi contento y mi gloria se atraviesan.

Menón   No es otro mi deseo y mi cuidado
          sino que tú, señor, de cualquier suerte
          de gloria y de contento y gusto goces.

Nino   Ya sabes el aviso y la belleza
          de Susana, mi hija tan amada;
          ya de su estado y sangre la grandez
          está, Menón, bien claro averiguada,
          y que de mis tesoros la riqueza
          por dote para ella está guardada,
          a ella, pues, con cuanto la enriquezco
          en trueco de Semíramis te ofrezco.
             Quiero decir, Menón, que a tu querida
          Semíramis me des por mujer mía
          y tomes tú a Susana, enriquecida
          de toda mi riqueza y monarquía;
          y es justo de ti ser agradecida
          esta mi petición y cortesía,
          pues siendo yo tu rey te pido aquello

          que de potencia puedo yo tenello.
   Las gracias de Semíramis me han hecho
tan suyo ¡oh, mi Menón! que te prometo
que consumiera mi encendido pecho
si te tuviera mi desseo secreto.
Haz por tu Rey este amoroso hecho
con voluntad, pues eres tan discreto;
dame un sí por respuesta, pues en pago
mi yerno y mi gobierno y Rey te hago.

Menón   Aunque suspenso, atónito y pasmado
me tiene tu demanda, señor mío,
y si es o no de veras lo tratado
no sepa ni distinga mi albedrío,
y aunque en confusas dudas engolfado
de acertar a salvarme desconfío,
en vez del sí, que pides por tal gusto,
a darte un «no» me fuerza el amor justo.
   Y digo que aunque el cielo me atormente
con sus mayores fuerzas y tormentos
y tú, señor, airado e inclemente
pruebes en mí mil fieros pensamientos,
y aunque me abrase el fuego eterno ardiente
y un caos hagan de mí los elementos,
y aunque vuelva a no ser, que es mayor mengua,
no podrá dar tal sí jamás mi lengua.

Nino   ¡Oh, villano, grosero, mal nacido,
torpe, bárbaro, vil, desventurado!
¿Tal respuesta me das? Al fin ha sido
respuesta de villano vil rogado;
mas pues tan locamente has respondido
quedarás de tu loco osar pagado
con llevarme a Semíramis, sin darte

	de ella, de mí, ni de mi hija parte.
Menón	Rey y señor, escucha, atiende, espera.
Nino	No me repliques, quédate; y advierte que ha de ser esta vez la vez postrera que he de hablarte, que he de oírte o verte. Juro por Dios de darte la más fiera, la más cruel, la más amarga muerte que pueda dar un rey, si con destierro no pagas tú la culpa de este yerro.
Semíramis	Rey, mira que es injusto lo que hazes.
Nino	Ven tú conmigo.
Semíramis	¿Dónde, sin mi esposo?
Nino	Donde tenga tu ser lo que merece.
Semíramis	¡Oh, injusto apartamiento!
Nino	Basta, vamos.
Menón	¡Oh, bárbaro inhumano, ingrato a mis servicios, cruel, tirano, inicuo, injusto y fiero! Con rigurosa mano en medio de tus vicios mostrándose el gran Júpiter severo te ponga en este miserable trago y me dé con tu muerte justo pago. Cansada y triste vida, vida cansada y triste,

que como nave de contrarios vientos
acá y allá traída
nunca jamás pudiste
llegar a puerto con tus pensamientos,
sino por un inmenso mar de penas
corriendo has ido con las velas llenas.
   No hagas resistencia,
no me impidas mi intento,
no me persigas más, no me atormentes,
huye de mi presencia,
deja ya tu aposento
a la remediadora de las gentes,
a la muerte dulcísima, que es sola
quien en mi bien las armas enarbola.
   Alma desventurada,
si de la cárcel fuerte
en que estás con tan ásperas prisiones
prendida y amarrada
libre deseas verte,
no aguardes, si estas pierdes, ocasiones;
ésta donde la muerte el dardo vibra
y de tu muerte y tu pasión te libra.
   Sin vos, cabello de oro;
sin vos, venerada frente;
sin los arcos del cielo, sin los soles,
que al inmenso tesoro
vencen del rico oriente,
y a las luces del cielo y arreboles,
y sin vos, boca que ganáis la raya
en olores a Arabia y a Pancaya;
   sin vos, pecho de armiño,
adonde albergan junto
Mercurio, Marte, Júpiter, Diana,
y el poderoso Nino,

teniendo ahí en su punto
cuanto bien da naturaleza humana,
y sin las manos que en las blancas palmas
tienen mil corazones y mil almas;
   Y, al fin, sin ti, señora,
que eres mi alma y vida,
no puedo yo vivir, no, no es posible;
llegue, pues, ya la hora
de la muerte querida
en que yo salga de este mal terrible.
Y tú, dulce Semíramis, si tienes
acuerdo aún de mis pasados bienes,
   si de aquella dulzura,
si de aquel gozo y gloria,
y si de aquella firme confianza
que en esta desventura
hacen tan triste historia
y entonces eran bienaventuranza,
y, al fin, si te acordares del constante
y rico amor de tu primer amante,
   con lágrimas siquiera
celebra mi martirio,
y al alma que tu cielo solo quiere
no le seas austera
cuando en el suelo asirio
sin ella el cuerpo de Menón cayere,
sino con tu piadoso pecho dale
albergue tal que con su fe se iguale.
   Vos, lazo, que sacastes
de estas miserias tristes
al discreto Alejandro, en vos fiado,
el bien que le causastes,
la vida que le distes,
dadla también a aqueste desdichado,

pues, sin duda, el traeros fue que el cielo
quiere que vos me deis este consuelo.
   Vos, lazo, que instrumento
sois para mi remedio,
no os conjuréis con mi contraria suerte,
sino cumplid mi intento,
sedme propicio medio
para que salga de esta triste muerte,
de esta muerte que llama vida el mundo
con ceguedad y con error profundo.
   Soldados valerosos,
que cada passo y punto
ponéis la vida en manos de la muerte,
y en mil hechos famosos
el alma y vuestro punto
entregáis   al rigor de vuestra suerte
siguiendo los furores y los gustos
de estos crueles príncipes injustos;
   discretos cortesanos,
que con honrado intento
y con el alma de esperanzas llena
seguís estos tiranos,
sírvaos a todos mi rabiosa pena,
pues harto bien hará mi mala suerte
si a otro causa vida y a mí muerte.
   Recibe, amada esposa,
mi alma con la tuya,
y tú, lazo, recibe esta garganta
con vuelta presurosa,
para que en breve huya
el alma de pasión y pena tanta,
y vos, aire, no deis el cuerpo amigo
a la tierra do reina mi enemigo.
   Semíramis querida,

esposa mía amada,
gloria mía, llegaos, llegad la mano,
y en huyendo mi vida,
esta alma dedicada
a solo vuestro cielo soberano,
téngala en él la mano poderosa
que me distes, Semíramis, de esposa.
  Ya voy, ya parto, espera,
señora, no te alejes.
Semíramis, no huyas de tu esposo,
y a la luciente esfera,
sobre los altos ejes
donde tienes tu trono suntuoso,
pues con tan grande fe te llamo y sigo,
llévame, mi Semíramis, contigo.

(Vanse Nino y Semíramis y por otra parte Menón. Salen Zopiro, Zelabo.)

Zopiro Notables casos, admirables hechos,
horrendos espetáculos se han visto,
hoy en esta ciudad, Zelabo amigo.

Zelabo Estoy, Zopiro, atónito y pasmado,
que con haber tantas batallas visto,
tantos sacos y assaltos de ciudades,
digo que cuanto he visto junto es menos
de lo que hoy ha pasado de miseria
en este miserable y triste pueblo.

Zopiro ¡Qué lástima era ver las damas bellas
tratadas por mil bárbaros soldados
tan rigurosa, tan violentamente!
¡Qué compasión el grito de los niños;
qué terneza los llantos de los viejos;

	qué horror la muerte de los fuertes mozos;

                    qué horror la muerte de los fuertes mozos;
                    qué temor la braveza y furia airada
                    de las crueles armas vencedoras,
                    de las gentes indómitas feroces;
                    qué confusión el diligente saco;
                    el bullicioso ardiente y fiero robo
                    de la cruel y codiciosa gente;
                    qué espanto, qué recelo el fuego airado
                    que se prendía por los altos techos;
                    qué terror, qué fiereza los rumores,
                    las altas estampidas y estallidos
                    que las casas y templos, muro y torres
                    daban, viniendo con su peso abaxo!
                    ¡Oh, soberano artífice del mundo,
                    y en cuán inormes formas se ha mosrado
                    la sangrienta crueldad en este día!...

Zelabo   Zopiro, ya es razón que demos vuelta
                    hacia palacio, que Menón no dudo
                    sino que ya estará en su alojamiento
                    gozando de Semíramis a solas.

Zopiro   Según la deseaba y según la ama
                    no hai duda en eso; vamos, como mandas.

Zelabo   ¡Eterno Dios! ¿Es ilusión, es sueño,
                    es fantasma, es demonio lo que veo?

Zopiro   ¡Ay, Zelabo querido, no es fantasma,
                    no es ilusión, no es sueño ni demonio,
                    sino Menón! ¡Menón el sin ventura!

Zelabo   ¿Quién le ha podido dar tan fiera muerte?
                    ¿Quién a un hombre tan bueno así ha tratado?

Zopiro	¿Qué consejo tendremos en tal caso? ¿Qué debemos hacer, Zelabo amigo?
Zelabo	Quitémosle de aquí, que es lo más justo, y al rey le presentemos, pues es cierto que según lo que el Rey le debe y ama hará pesquisa y ejemplar castigo de maldad tan enorme y tan horrenda.
Zopiro	Dices muy bien.
Zelabo	Desátale.
Zopiro	Sostenle.
Zelabo	Tenle tú de los pies.
Zopiro	Ya tengo.
Zelabo	Vamos.

Fin de la primera jornada

Jornada segunda

(Salen Nino, Semíramis en hábito de Reina, y Diarco.)

Semíramis   Rey y señor, pues ya la paz gozamos
libres de los trabajos de la guerra
y en tu famosa Nínive habitamos,
    suplícote, por cuanto el cielo encierra,
que una merced que ya me has prometido
tenga su efeto en esta amada tierra.
    Agora puedes ser, señor, servido
de mandar que se junte tu consejo
para que sea mi deseo cumplido;
    agora hay tiempo, espacio y aparejo;
no lo dilates más, así los hados
te dejen ver tu hijo, cual tú, viejo.

Nino   Sean los consejeros convocados;
di tú, Diarco, que los llamen luego
si ya no están, como mandé, llamados.

(Vase Diarco.)

Semíramis   Deseo mujeril, mujeril ruego
te ha de parecer éste, no lo dudo,
y como cosa de donaire y juego;
    pero verás, señor, a lo que acudo,
y aunque por burla tengas esto agora,
yo mostraré quizá mi ingenio agudo.
    Esta mujer, que como un Dios te adora,
dará con esto fin a un pensamiento
que para tu descanso le atesora.

Nino   Bastará que te canse a ti contento

| | para que a mí me dé descanso y gusto, |
| | no al descanso y el bien, pero al tormento. |

Semíramis   Justa paga a mi amor, deseo justo
a mi fe y afición, es el que muestras
gustando de lo mismo que yo gusto;
    y aunque de esto me has dado siempre muestras
dándome siempre a mí la mayor parte
de tus fortunas prósperas y diestras,
    puedo, rey y señor, certificarte,
según estimo la merced presente,
que en ella has acabado de mostrarte.

Nino   Siempre te amé con este amor ardiente;
siempre mi voluntad, gozo y deseo
fue tu contento y gozo solamente;
    tus ojos son la luz con que yo veo;
tu alma, como a ti, me da a mi vida;
tu gloria sola es la que yo deseo.
    Por ti, dulce Semíramis querida,
a lo imposible intentaré camino
sin que a mi voluntad el serlo impida.
    Jamás sino en tus gustos imagino,
jamás sino en Semíramis reposa
el pensamiento y ánimo de Nino.

Semíramis   Tu gran Belo, tu Juno poderosa,
acrecienten tus años y tu nombre
con edad y con fama milagrosa.
    A nuestro hijo Ninias veas tan hombre
como tú eres, y por ti, en mil guerras
el suyo aumente y tu real renombre.

Nino	No haya vecinas ni remotas tierras
que por él no te ofrezcan cuantos bienes
producen sus campañas y sus sierras.

(Sale Diarco.)

Diarco	Janto, Creón, Troilo y Oristenes
han venido a consejo, i ahí aguardan
lo que de tu servicio les ordenes.
Nino	Entren luego; decidlo, que ya tardan.

(Salen Janto, Troilo, y Oristenes.)

Janto	El hacedor del universo mundo
os haga largos siglos venturosos.
Creón	El que gobierna y rige cielo y tierra
rija y gobierne vuestras reales almas.
Troilo	La luz del grande Dios os guíe y salve.
Oristenes	Dios poderoso guarde vuestras vidas.
Nino	Sentaos como soléis en vuestros puestos,
y tú, señora, siéntate a mi diestra;
y vos traed mi cetro y mi corona.
Bien sé que sabéis todos cuán de veras
he querido a la Reina desde el día
que se vieron en Batra mis banderas
plantadas por su industria en honra mía,
y entiendo que entendéis que las esferas
con sus fuerzas y cursos y armonía
no pueden en mí más de lo que puede

  la Reina, que conmigo a todo excede.
  Creo también que conocéis cuán justo
es que la Reina pueda en mi de este arte,
pues es en todo su querer y gusto
lleno de discreción, de industria y arte;
no hay caso, no hay sucesso justo o injusto
que de su gusto y voluntad me aparte,
y así en esta ocasión solo es mi intento
hacer su voluntad y su contento.
  Pídeme que le dé por cinco días
el gobierno de todos mis estados,
dejando yo todas las veces mías,
toda mi potestad y mis cuidados;
es su intención probar las monarquías
y el gobierno mayor de sus estados.
Sea por esto, o sea lo que fuere,
que yo solo reparo en que lo quiere,
  por ser este su gusto, es mi deseo,
y por ser de los dos, debéis hacerle
los cuatro, en vez del Reino que poseo,
pues es sin duda para engrandecerle,
y pues ningún inconveniente veo
ni por la reina puede en esto haberle,
antes es cierto de su ingenio grande
que cosas admirables haga y mande;
  vuestra respuesta pido brevemente
por el orden y estilo acostumbrado.

Janto	Es mi respuesta en esto, rey clemente, dar gusto a vuestro intento enamorado.
Creón	En esse parecer Creón consiente.
Troilo	Yo siempre vuestro gusto he deseado.

Oristenes	Ningún inconveniente en esto veo.
Nino	Pues dése alegre fin a mi deseo. Sentaos, reina y señora, en este asiento que es dedicado a la real persona; tomá este cetro, y seaos ornamento de verdadera reina esta corona; con excesivo amor, gozo y contento de su mano el gran Nino aquí os corona, i os doy, como pedís, por cinco días, todo el govierno de las tierras mías.
Semíramis	Yo lo recibo con inmensa gloria, y pido al grande Belo, vuestro padre, de quien en simulacros la memoria tenéis, con la de Juno, vuestra madre, que alargue vuestra vida y fama y gloria tanto que con la suya frise y cuadre, y que a Zameis Niniaa, nuestro hijo, gozemos con eterno regocijo.
Nino	Con esto queda vuestro gusto hecho.
Semíramis	Con esto estoy contenta y satisfecha.
Janto	Yo inclino ante mi reina el rostro y pecho.
Creón	Yo ratifico la obediencia hecha.
Troilo	Yo doy, con adoraros, fin al hecho.
Oristenes	Deso mismo Oristenes aprovecha.

Semíramis	Yo con eso soy reina ya y señora,
	y os doy licencia que os partáis agora
	y assimismo, también, señor, os pido
	que os vais agora vos a recrearos,
	que pues habéis mi voluntad cumplido
	yo quiero comenzar a descansaros.
Nino	Yo os obedezco, pues os he ofrecido
	el alma para siempre contentaros.
Semíramis	Y tú, Diarco, escucha; yo te ruego
	que a Zelabo y Zopiro llames luego.
(Aparte.)	(El descanso y el bien que te procuro,
	Nino infelice, es el que da la muerte,
	y por el alma de Menón, te juro
	que ha de ser, si yo puedo, de esta suerte;
	y aunque me veo en un abismo oscuro
	yo buscaré como a salir acierte,
	placando el alma que suspira y llora
	y siendo yo, como deseo, señora.)

(Vanse, quedado Semíramis sola. Sale Zelabo.)

Zelabo	Reina y señora mía.
Semíramis	¡Oh, mi Zelabo!
Zelabo	Aquí estoy pronto.
Semíramis	Deja de eso, y vuela
	a poner por la obra.
Zelabo	Estoy al cabo.

Semíramis	Mira.
Zelabo	¿Qué? ¿De mi esfuerzo se recela?
Semíramis	Bien sé tu esfuerzo, y tu valor alabo, y entiende que esta reina se desvela en darle a su medida el ser y estado.
Zelabo	Solo con agradarte estoy pagado.
Semíramis	Con todo eso, desde aquí tú eres capitán de mi guardia, y a ti quiero, Zopiro amigo, pues mi gusto quieres, hacerte mi privado camarero. A los que agora son, vida y haberes les tengo que quitar; pero primero ve a echar, Zelabo, a todo el fundamento conforme a nuestro ya tratado intento.
Zelabo	Yo voy volando, y ten por hecho el hecho.
Semíramis	Así de tu valor espero y fío.

(Vase Zelabo. Sale Zopiro.)

	Zopiro, tú, con discreción y pecho, harás también otro consejo mío. A Ninias ve por este oculto estrecho y entra diciendo como yo te embío y esta carta le da, la cual leída, de tres mi voluntad será entendida.
Zopiro	Puedes tener, señora, por muy cierto que es lo que mandas hecho.

Semíramis	Así lo creo,
	y no te pesará, porque te advierto
	que has de ser tú, Zopiro, mi recreo,
	y no te muestro agora más abierto
	mi corazón, mi intento y mi deseo;
	presto confío que lugar tendremos
	para que más despacio lo tratemos.
Zopiro	En todo estoy, señora, a ti sujeto.
Semíramis	Ve luego, mi Zopiro.
Zopiro	Voy volando.

(Vase Zopiro.)

Semíramis ¡Qué gracioso, qué lindo, qué discreto,
qué airoso, qué galán, qué dulce y blando!
Pues de disimillado y de secreto
mil muestras de él he visto, y voy notando
que nadie en nada puede aventajarle,
resuelta estoy, y tengo de gozarle.
   Pero, mis pensamientos amorosos,
dejadme agora en paz, mientras la guerra
de mis altos deseos valerosos
hace temblar y estremecer la tierra;
los filos azerados, rigurosos,
que en la vaina mil años ha que encierra
mi corazón, dejad que agora corten,
que tiempo habrá después que se reporten.
   Tiempo después habrá para gozarme,
no con un Nino torpe y asqueroso;
tiempo tendré después para emplearme

en un Zopiro dulce y amoroso;
tiempo tendré para desencerrarme
de un cautiverio infame y afrentoso,
que ha ya diez y seis años que en mí reina
con título de reina sin ser reina.
  Agora lo seré, no hai duda en ello,
aunque la tierra se revuelva y hunda;
agora sacaré del yugo el cuello,
aunque Amón con sus rayos me confunda,
agora a mis deseos pondré el sello.
De estas trazas mi gozo y bien redunda,
de aquí sucederá y si no sucede,
cosa no habrá que no intentada quede.

(Sale Zelabo.)

Zelabo   ¡Oh, reina dichosíssima y sublime!

Semíramis ¿Qué es, mi Zelabo? ¿Cómo negociaste?

Zelabo   Muy bien.

Semíramis   Cuéntalo, pues, puntualmente.

Zelabo   Llegué al retrete donde el Rey estava
           habiendo antes ya visto con cuidado
           la antecámara sola y otra pieza,
           y entré dento con rostro alegre y libre.
           Preguntóme: «¿Qué buscas? ¿A qué entraste?».
           Yo, sin le responder palabra alguna,
           cierro tras mí la puerta, y con él luego,
           y arrojéle de pechos en su cama,
           y entonces saco este puñal en alto
           y con osado corazón le digo:

«Hasta sacarte el alma, al cielo juro
te meteré este hierro por el cuerpo
si no me estás humilde y obediente
a cuanto aquí de tu persona vieres
que dispone mi mano, gobernada
de absoluto poder y justo intento.»
Con lastimosa voz entonces quiso
hablarme no sé qué. Yo dixe: «Basta;
no me hables, no ruegues, ni reclames».
Calló pasmado, atónito y temblando,
cubierto todo de un sudor helado,
en amarillo y cárdeno teñido
el viejo rostro y las caducas manos,
las cuales, vueltas para atrás, con fuertes
lazos le até, y de esta suerte luego
por la escala secreta de la torre
al centro de ella le he bajado, adonde
en una gran cadena queda puesto.
Con su llave maestra abrí las puertas
y con ella después cerré al salirme.
Sin decirnos palabra el uno al otro
y sin que nadie me haya visto vengo.

Semíramis   Tu discreción, fuerte Zelabo, admiro,
pues tan de veras has mi gusto hecho.
Agora solo, resta que Zopiro
haga con esa discreción su hecho,
y con ojos al fuerte mozo miro
que no le faltará valor y pecho,
pues es discreto como tú y osado,
y a los que tales son ayuda el hado.
   Y cuanto más, que no es dificultoso
sino fácil el caso a que le embío,
haráse, y luego al alto y generoso

	intento, mostraré como confío con lo cual en el mundo el más famoso ha de ser mi valor y el nombre mío de cuantos en su heroica y alta historia haga la eternidad viva memoria. Zopiro y tú me ayudaréis en todo, y como amigos fieles verdaderos míos y de Menón, haréis de modo que muestren ya sus filos mis aceros; servid mientras mis cosas acomodo, que después yo sabré satisfaceros.
Zelabo	Satisfechos, señora, quedaremos cuando con los servicios te agrademos.
(Sale Zopiro.)	
Zopiro	Hízose de la suerte que mandaste, serenísima Reina, tu contento.
Semíramis	Oh, mi Zopiro, gustaré en extremo que me des cuenta sin que falte cosa de todo lo que en eso ha sucedido, porque conforme a ello, trace y haga lo que más conviniera a mi propósito.
Zopiro	Hallé, señora, al príncipe en su sala con dos pajes holgándose y jugando; lleguéme a él y díjele que iba a darle de tu parte aquel recado, que mandase salir aquellos pajes, que era secreto, y él mandólo luego; leyó la breve carta con presteza, miró la firma, reconoció el sello,

| | y luego, algo alterado: «No sé —dijo—,
qué pretende mi madre en este caso;
pero por fuerza habré de obedecerla,
pues con tanto rigor me niega y veda
que sin darle respuesta, luego, luego,
haga lo que me manda. Vamos, vamos.»
Esto diciendo, pártese furioso
por la tribuna al templo, donde, siendo
de la sacerdotisa conocidos,
y diciéndole el príncipe que a ella
queríamos hablar sola, metiónos
dentro de su aposento; en él cerrados,
dióle Ninias la carta; ella leyóla,
y, admirada del caso y obediente,
al momento sacó de un arca suya
un su vestido, el cual se puso Ninias,
desnudándosse de este que aquí traigo.
Al fin él queda hecho una donzella
entre las otras vírgenes vestales,
y en el rostro, que es ese mismo tuyo,
juzgarán todos que eres tú, sin duda. |
|---|---|
| Semíramis | Y aun por tener el rostro tan de veras
mi hijo como el mío, entiendo cierto
que no me saldrán vanas mis quimeras
y las notables cosas que concierto. |
| Zopiro | Digo, Zelabo, que si a Ninias vieras... |
| Zelabo | Es encarecer eso desconcierto,
pues es milagro de Naturaleza
sus tan conformes rostros y belleza. |
| Zopiro | Y más agora, de mujer vestido; |

	digo que estuve yo casi confuso,
	con saber el negocio tan sabido,
	después que de mujer Ninias se puso.
Semíramis	Pues a mí me veréis con su vestido
	el ardid astutísimo que uso.
	Él la madre será; yo seré el hijo,
	con grande gozo nuestro y regocijo.
	Agora, mientras entro yo a mudarme
	y a tomar cierta carta conveniente,
	al consejo llamad, y entrá a llamarme,
	cuando aquí esté, vosotros solamente.
	Para que mi intención se entable y arme
	y se dé fin a mi deseo ardiente,
	diligencia conviene con cordura,
	que es madre de la próspera ventura.
	Ésta da fin gustoso al pensamiento
	y las dificultades rinde y doma;
	hazed los dos con esta mi contento,
	pues el de todos felizmente asoma;
	yo me entro a lo que digo a mi aposento
	dame, Zopiro, ese vestido.
Zopiro	Toma.
Semíramis	Y, amigos, no haya falta ni descuido,
	pues de lo que os encargo me descuido.
Zelabo	Haráse todo lo que mandas luego.
Zopiro	Puedes de ello, señora, descuidarte.
Semíramis	Así, fieles amigos, os lo ruego,
	pues os ha de caber la mayor parte.

(Vase Semíramis.)

Zopiro ¿Hay pecho igual, Zelabo? Un vivo fuego
prenden en él naturaleza y arte.
Mejor haremos de su pecho examen,
deja que mande que al consejo llamen.

(Vase Zelabo.)

Zopiro ¡Oh, Fortuna! ¿Hay cosa igual
en ligerezá a tu rueda?
¿Hay corriente a que no exceda
tu corriente perenal?
  Ayer fue Nino un Monarca
y alcanzó a serlo en el mundo
tras el monarca segundo
que se reservó en el arca,
  y es hoy un triste cautivo,
presas las manos y pies,
aunque no sé si lo es,
porque dudo que esté vivo.
  Consuelo nace de aquí
para mí de una esperanza,
que pues en todo hay mudanza,
también podrá haberla en mí.
  Mas ¿cómo que podrá haberla?
Sin duda que devaneo,
pues la mudanza que veo
en, mí dejava de verla.
  ¿Yo no soy el que era ayer
del Rey un pobre escudero,
y hoy no soy ya camarero
de la Reina, su mujer?

Camarero, y escogido
tan a su contento soy,
que en ella conocí hoy
el pecho por mí encendido;
　　que aquel mirar tiernamente
a aquel grande ofrecimiento,
dan muestras de sentimiento
por algún deseo ardiente.
　　Mas débome de engañar,
que su altivo corazón
ni tiene amor ni afición
sino a ser reina y mandar.
　　Éste solo es su ejercicio,
este solo es su desseo,
aunque tras esto bien creo
que seguirá cualquier vicio.
　　Bien se le echará de ver,
y a fe que yo me despierte,
que es esa passión de suerte
que no se puede esconder.
　　¡Graciosa cosa sería
que sucediese yo a Nino!
Mas ¿qué cosas imagino?
¡Qué liviana fantasía!
　　Como subo las escalas
de la privanza y favor,
ya la ambición, ya el amor,
me levantan con sus alas.
　　Pues debría de mirar
cuán presto puedo caer,
y acordarme que vi ayer
al grande Nino reinar,
　　y hoy creo que está amarrado
en una triste prisión,

y acordarme de Menón,
su tan querido y privado.
   Mas ya de todo me acuerdo,
y en la buena o mala suerte
me servirá de que acierte
a tener algún acuerdo.

(Sale Zelabo.)

Zelabo   Ya el portero fue volando
              a convocar el consejo.

Zopiro   Dime. Zelabo, ¿y el viejo,
              vive?

Zelabo   ¿Quién? ¿Nino? Penando
              en una mazmorra oscura
              está el triste sepultado.

Zopiro   ¿Para rey tan señalado
              miserable sepultura?

Zelabo   ¿Eso te da pena alguna?
              Llore quien llorare y gima
              como yo me vea encima
              de la rueda de Fortuna.
                 Harto ha gozado del mundo
              él y sus privados todos;
              agora, por varios modos,
              dennos el lugar segundo.
                 Deje el reino Nino y sea
              Semíramis reina agora,
              y si a los dos nos mejora,
              cien mil años le posea.

	Aunque la casa se arda
	no niegues que es ser mejor
	tú camarero mayor,
	yo capitán de la guarda;
	   y lo menos que tendremos
	es esta merced primera;
	Zopiro, de esta manera
	son del mundo los extremos.
	   Suben y baxan los hombres
	en el mundo, porque es rueda
	que siempre sin cesar rueda,
	y así de esto no te asombres,
	   que es fuerza que si al rodar
	la rueda en ruedo ha de ir,
	el de abaxo ha de subir,
	y el de arriba ha de bajar.

Zopiro	Bien veo que desa suerte por entre varios extremos vamos desde que nacemos hasta llegar a la muerte, la cual, si es buena, no importa que a la veloz rueda asida vaya en rodeo la vida por carrera larga o corta.
(Sale Diarco.)	
Diarco	Ya está el consejo aquí; ¿qué es de la Reina?
Zelabo	Agora iremos a llamarla; entre.
Diarco	Ya entra, veísle allí, avisadla luego.

Zelabo	Zopiro, vamos.
Zopiro	Vamos luego, anda.

(Vanse Zopiro y Zelabo. Salen Janto, Creón, Troilo, y Oristenes.)

Janto	Digo Creón, que es cosa graciosísima el mandarnos llamar tan presto a todos.
Creón	Alguna grande novedad sospecho.
Troilo	Tras la que hoy ha hecho el Rey, por cierta cualquiera novedad puede tenerse.
Oristenes	Y más siendo mujer la que lo ordena.

(Salen Semíramis en hábito de sú hijo.)

Semíramis	Oh, consejeros de mi padre amados y de mi amada madre tan queridos, sentaos, como soléis, en los estrados y abrid a mis razones los oídos, sean mis tristes casos escuchados y sean mis cuidados socorridos; leed, Janto, esta carta; pero quiero que el sello y firma y letra veáis primero.
Janto	De la reina es la letra y firma y sello.
Creón	Suyo es el sello y suya es firma y letra.
Troilo	Bien conocida es letra y firma y sello.
Oristenes	No hay que dudar en sello o firma o letra.

Semíramis	Pues conocéis la letra y firma y sello, dejad el sello y firma. Oíd la letra. Leed y oíd la letra de esa carta, de esa importante cuanto triste carta.
(Lee.)	
Janto	«Semíramis tristísima, infelice más que cuantos nacieron en el mundo, con la pena mayor, con el más fuerte y más bravo dolor que sentir puede un corazón humano, enternecido de amor conyugal divino y santo, esta carta os escrive, oh, consejeros del monarca sublime de la Asiria, y primeras cabezas de sus reinos, porque hagáis lo que dispone el cielo, lo que el eterno Dios manda y ordena, con voluntad de vuestro rey amado, de mi querido, de mi dulce Nino, y también de sus padres Belo y Juno, los cuales en un carro de oro puro de lucientes estrellas tachonado, y con la luz del Sol y de la Luna y los colores de la aurora e iris en mil varias pinturas compartido, de seis cisnes blanquísimos tirado, descendieron del cielo, y en la pieza adonde nos dejastes del consejo con majestad y gloria inmensa entraron, y en mi presencia, ¡oh caso estraño y grande!, el gran Belo arrojó a su amado hijo, a mi querido esposo, rey y padre,

un fuego vivo con que en viva llama
todo le convirtió del pie a la frente.
Luego, tras esto, su querida Juno,
sacando un vaso transparente y rico
le roció con un cristal potable,
o fuese agua o fuese ambrosía o néctar,
con que apagó la llama y volvió Nino
en su forma primera; mas trocado
el hábito y vestido que traía
en un manto real rico y pomposo
blanco y resplandeciente como el día.
Entonces le tomaron de las manos
sus padres, y en aquel triunfante carro
a los pies le sentaron en un solio
de cristal liso relumbrante y puro
sembrado de claveles y alhelíes,
de rosas, de jazmines y azucenas.
Tras esto, en voz de majestad afable,
el grande padre Belo, brevemente
me dijo a mí, nombrándome Semíramis,
'La voluntad del grande Dios y mía,
de mi Juno y tu Nino, es que gobierne,
que sea universal rey y monarca
el mozo Zameis Ninias, tu buen hijo,
en vez de su buen padre, que al eterno
trono de gloria con Amón llevamos,
y tú luego recógete en el templo
con las divinas vírgenes vestales.'
Y alzando más la voz y despidiendo
de los ojos y faz vivas centellas
diciendo prosiguió, 'Mira, Semíramis,
que intentar lo contrario no presumas
si no quieres pasar la mayor pena,
el castigo mayor, más bravo y fuerte

que puede dar el gran Amón glorioso.'
Y apenas estas últimas palabras
el gran Belo dijo, cuando abriendo
las blancas alas y las negras bocas
los cisnes hermosísimos, partieron
cantando con dulcísima armonía
y por el aire con suave curso
el rico carro al cielo conducieron.
Yo, pues, oh fieles consejeros nuestros,
Yo, Semiramis pía y religiosa,
que al grande Dios obedecer procuro
y que sus justas amenazas temo,
encerrándome luego en este templo
de las vestales vírgenes sagradas,
con esta carta a mi querido Ninias
os envío y entrego, y ruego y pido
que sea como Dios ordena y manda
sucessor de los reinos de su padre,
haciendo que mañana le coronen
los sacerdotes en el templo grande,
públicamente junto todo el pueblo,
ante el altar de Amón y las imágenes
de sus abuelos, el gran Belo y Juno,
y de mí no se acuerde nadie nunca,
No haya memoria de sta desdichada
y triste viuda, que fue reina un hora.
Hoi, del templo de Vesta. Yo, Semíramis.»

Creón	¿Hay más extraño caso y más divino?
Janto	Divino caso, sí, pero no extraño, sino muy propio, al merecer de Nino.
Troilo	No recibís, señor, en eso engaño,

| | sino muy en lo cierto estáis, pues esto
es del valor de Nino el desengaño. |

Oristenes   Gran confusión y admiración me ha puesto
un suceso tan nuevo y, prodigioso,
tan admirable, repentino y presto.

Semíramis   Yo estoy suspenso, atónito y medroso,
oh mis amigos fieles y queridos,
y en lo que he de hacer estoy dudoso.

Janto   No turbes, fuerte joven, tus sentidos.
Cuanto tu madre escribe aquí haremos
los cuatro, como somos, advertidos.

Creón   Mañana por la obra lo pondremos.

Troilo   Mañana te daremos la corona.

Oristenes   Mañana como Rey te adoraremos.

Semíramis   A los cuatro encomiendo mi persona,
encargo que se cumpla el mandamiento
de quien a los rebeldes no perdona.

Janto   Todo será a tu gusto y tu contento,
y pues esto así queda concertado,
alegra el corazón y el pensamiento.
   Nosotros llevaremos el cuidado,
y con esto podemos irnos luego,
y tú queda contento y consolado.

Semíramis   Al poderoso Dios eterno ruego
que os guíe de tal suerte en este hecho,

                    que de Él resulte amor, paz y sosiego.

(Vanse Troilo, Creón, Janto, y Oristenes.)

                    ¿Qué os parece a vosotros de lo hecho?

Zelabo   Que es celestial tu espíriu y prudencia.

Zopiro   Que es divino el valor de tu gran pecho.

Semíramis   Zelabo, agora tú, con diligencia,
                    saca de la prisión con sus prisiones
                    a Nino, y traile luego a mi presencia.

(Vase Zelabo.)

                    Ya mayor libertad y ya ocasiones
                    me ofrece el cielo y da, Zopiro amigo,
                    para tratar con vos otras razones.
                        Ya que puedo tratar más claro, digo
                    que vos, Zopiro, solamente quiero
                    que seáis el que pueda más conmigo.
                        Por ser mi amor, seréis mi camarero;
                    por ser yo vuestra, quiero yo escogeros
                    por mi regalo y gusto verdadero.

Zopiro   Yo por serviros y satisfaceros
                    a ofreceros la vida estoy dispuesto,
                    y quisiera mil vidas ofreceros.

Semíramis   ¡Ay, que me divertía! Amigo, presto
                    toma esta llave y vuela a mi aposento
                    y trae el vaso que en la mesa he puesto.

Zopiro   Dame la llave.

Semíramis   Toma, mi contento.
(Vase Zopiro.)   Todo sucede bien; en popa acude
de felicidad el largo viento.
   No hay cosa en que repare ya ni dude;
mañana seré rey y reina junto,
y solo lo sabrá quien me desnude,
   el cual será Zopiro, y si barrunto
que por él o Zelabo ha de saberse,
morirán por mi mano, que en su punto
de hoy más mi voluntad ha de ponerse.

(Salen Nino, Zelabo, y Zopiro.)

Nino   Sacrílego, malvado,
inclemente verdugo riguroso,
pues dices que has pensado
darme fin tan cruel, tan lastimoso,
dámele presto. Tu crueldad no llegue
a tanto que este bien solo me niegue.

Zelabo   He aquí, te traigo a Nino,
como mandaste, puesto en sus prisiones.

Nino   ¡Oh, eterno Dios divino!,
¿qué es lo que de mi hijo y mí dispones?
¿l qué, señor piadoso, permitiste
de la mujer querida que me diste?
   Hijo mío querido,
mi verdadero amor y mi esperanza,
¿qué furia te ha regido?
¿Quién causa en ti tan áspera mudanza?
¿Qué quieres, di, de tu amoroso padre?

| | Y di, ¿qué has hecho de tu dulce madre?
    Si mis reinos deseas,
sin que por tales medios los alcances
haré que los poseas;
no pasen, hijo, tan crueles trances
por este padre tuyo que te adora
y ante ti tan injustamente llora.
    Mas si según sospecho
con la misma crueldad tu madre has muerto
rompe luego mi pecho;
sea este triste corazón abierto,
donde ella vive como en reino suyo,
y de donde procede el propio tuyo.
    Dime luego, no tardes,
hijo, si vive tu querida madre. |
|---|---|
| Semíramis | Digo que no la aguardes. |
| Nino | Pues mata luego, pérfido, a tu padre;
mata, hijo cruel, al padre luego
con veneno, con soga, o hierro, o fuego.
    No quiero ya la vida. |
| Semíramis | Ni aquí ninguno te la da tampoco. |
| Nino | ¡Oh, traidor parricida;
al grande Dios, a Belo y Juno invoco
para que con eterno fuego horrible
castiguen tu delito atroz, terrible!
    Dadme ya con que muera,
verdugos inhumanos y sangrientos.
Ninias, mira que espera
tu madre en los eternos aposentos
que a mí me des, como le diste, muerte, |

        porque corramos una misma suerte.
          Semíramis querida,
        que por tan impía muerte y tan enorme
        haces de mí partida,
        yo con tu fin haré mi fin conforme,
        que yo me daré muerte con mi mano
        si dar no me la quiere este tirano.

Semíramis   Sí quiero darla, y luego;
        Zopiro, dale el vaso que la tiene,
        y en un inmenso fuego
        luego le echad, y no temáis que pene.
        Yo me entro, que a un metal a un duro canto
        puede mover aquel amor y llanto.

    (Vase Semíramis.)

Nino   Dame, dame el veneno
        que es mi vida, mi gloria y mi consuelo,
        pues entrando en el seno
        saldrá mi alma para ir al cielo
        donde está mi Semíramis querida,
        que es mi consuelo, que es mi gloria y vida.

Zopiro   Todo se lo ha bevido.
        ¡Oh fuerte corazón, oh amor extraño
        cuánto en esto has podido!

Nino   Ya me parece cada punto un año
        de los que tardo a ver mi esposa amada,
        sobre el cielo y estrellas asentada.

Zelabo   Quiero desengañarte,
        no mueras, triste rey, tan engañado.

| | La que de aquí se parte
es tu mujer, que de tu hijo amado
el parecer del rostro y el vestido
tiene, con que tú la has desconocido. |
|--------|---|
| Nino | ¿Qué dizes, enemigo?
¿Que es possible, cruel? ¿Qué es eso cierto? |
| Zelabo | Verdad pura te digo. |
| Nino | ¡Oh bravo desatino y desconcierto!
¡Ay, desdichada vida; a, triste muerte!
¡Oh cruel, oh inhumana, oh fiera suerte!
   Amigos, socorredme,
duélaos dolor tan bravo y espantoso.
Traed luego, traedme
algún licor y antídoto precioso
que venza y rinda esta ponzoña fiera;
no consintáis que con tal pena muera.
   ¡Mirad que soy yo Nino,
el rey que como hijos os amaba,
el que como divino
cada cual de vosotros adoraba;
aquel rey natural que padre os era
no consistáis que con tal pena muera.
   Si en los ásperos riscos
del Cáucaso entre fieras no nacistes,
si entre los basiliscos
criado para tanto mal no fuistes,
si no son vuestras almas piedra dura,
doleos de mi terrible desventura.
   Mas ya el remedio es tarde,
oh fiera rigurosa, horrible y brava,
tal castigo te guarde |

                        la mano justiciera; a quien te amaba,
                        a quien te amaba más que a sí, oh traidora,
                        oh pérfida Semíramis.

Zelabo   Llegó la hora.

Zopiro   No me digas palabra
                        sino tenle de ahí, Zelabo, luego,
                        pues sin que boca se abra
                        se entiende todo.

Zelabo   Vamos, y en un fuego
                        como mandó la reina le pondremos.

Zopiro   Tenle de ahí.

Zelabo   Sostenle tú.

Zopiro   Aguijemos.

                        Fin de la segunda jornada

Jornada tercera

(Salen Semíramis en hábito de reina, Zameis Ninias en hábito de príncipe, Janto, Creón, Troilo, Oristenes, Zelabo, Diarco, pueblo.)

Semíramis   Ya el tiempo con su buelo acostumbrado
ha traído a tal punto mis deseos
que libre, sin ficciones ni rodeos
muestre mi corazón fuerte y osado.
   El capitán y rey tan señalado,
que con tan grandes triunfos y trofeos
de persas, medos, libios, nabateos
y de otros mil sus templos ha adornado,
   no ha sido Ninias, como habéis creído,
ioh mis vassallos fuertes y leales,
sino su madre, puesta en su vestido!
   Yo he sido el capitán de los reales,
y mi querido hijo es quien ha sido
virgen entre las vírgines vestales.
   Para deciros esto aquí he venido.
ya cual me veis, como mujer vestida,
y traigo a Ninias de hombre ya vestido.
   Él, Semíramis, es la recogida,
en rostro y traje nada diferente
a mí, que he sido rey, por él tenido.
   Ya llegó al punto mi deseo ardiente
de que el mundo por mí en su punto viese
una mujer heroica y excelente;
   una mujer que en guerra y paz rigiese
fuertes legiones, pueblos ordenados,
y que en todo a mil reyes excediese.
   Después que al cielo los divinos hados
a mi Nino llevaron, que ha seis años,
ya visto habéis, varones estimados,

    por cuántas furias he rompido y daños,
cuántos bravos peligros he allanado
y qué rigores he vencido extraños;
    y con vuestro valor, por mí ordenado,
los difíciles casos que he emprendido,
los altísimos hechos que he osado,
    cuán a mi honra de ellos he salido,
y mi famosa Babilonia cuánto
he con trofeos mil enriquecido.
    No hay reino en cuantos son del mundo espanto,
que no tiemble de Asiría y se le rinda
oyendo solo de su fama el canto;
    pues si está Babilonia fuerte y linda
con muros, fosos, torres, templos, puentes,
bien claro con la vista se deslinda:
    todos, al fin, los que me estáis presentes
sabéis aquestas y otras maravillas,
que espantarán las venideras gentes,
    y así será escusado referillas,
sino solo rogaros que se admita
Ninias, mi hijo, a las reales sillas,
    pues que mi voluntad ya le habilita
y con la reclusión y mongil traje
otra cualquier dificultad le quita;
    vuestro aplauso será fiel homenaje,
que de vasallos, de hombres tan leales
no quiero más señal ni mayor gaje.
    Partíos, y con pregones generales
se divulgue el suceso de este día,
haciéndose por él fiestas reales,
    y el contento y el gozo y la alegría
sea respuesta de este parlamento,
y entone vuestro aplauso su armonía.

	Idos, pues, ya, y este común contento, sientan luego de Asiría los confines.
Janto	¡Vaya tu vida y nombre en largo aumento!
Pueblo	¡Vaya tu vida y nombre en largo aumento!
Zelabo	¡Toquen las cajas, suenen los clarínes!

(Vanse todos, quedando solos Semíramis y Zameis Ninias.)

Ninias	Pasmado queda el pueblo del engaño, en que tan dulcemente le has traído, con mi nombre Y mi rostro Y mi vestido, en mil guerras un año Y otro año.
	Y alegre del presente desengaño cada cual de los dos reconocido con general aplauso y alarido te alaba nuestro pueblo y el extraño.
	Y yo asimismo loo tu grandeza y encarezco tu espíritu elevado, y admiro tu prudencia y fortaleza.
	Y ser tu hijo y ser de ti estimado, tengo por mayor suerte y mas riqueza que si del alto Amón fuera engendrado.
Semíramis (Aparte.)	(Eso me causa a mí mortal tristeza, eso me quita a mí todo el contento que puede dar tu celestial belleza; mas, ¿qué furioso disparate intento? ¿Adónde me despeñan mis deseos? ¿Dónde vuela mi vano pensamiento?)
Ninias	¿Qué hablas entre ti?

Semíramis	Mil devaneos.
Ninias	Pues, ¿qué pasión los causa?
Semíramis	Mil pasiones.
Ninias	¿No puedo yo saberlas?
Semíramis	Por rodeos.
Ninias	No entiendo, amada madre, tus razones.
Semíramis (Aparte.)	(¡Qué dulce nombre, amada, y cuán acedo es el de madre, que con ése pones! Tan grande es mi passión, que ya no puedo disimularla más ni resistirla. Ya, ya me rindo; ya rendida quedo; ya no puedo mi pena diferirla; mas ¿cómo la diré? ¿Qué voz, qué aliento, qué palabras tendré para dezirla? Inmenso es mi dolor y mi tormento; helada estoy y en medio estoy de un fuego, todo por...)
Ninias	¿Dónde vas?
Semíramis	A mi aposento.

(Vase Semíramis.)

Ninias	Bien fuera torpe yo, bien fuera ciego si la maldita causa no entendiera que de razón te priva y de sosiego.

Juzgar mejor tu plática pudiera
si tu desenfrenada y torpe vida
tan bien como la sé no la supiera.
   ¡Oh, mujer sin vergüenza y atrevida,
las viles torpezas sensuales
del todo avasallada ya y rendida;
   al fin llegáis a ser las que sois tales
en seguir sin vergüenza el apetito,
peores que los brutos animales!
   Yo, yo tengo la culpa, que permito
que reine una mujer engañadora.
Pues muera yo si el reino no le quito.
   ¿Pensabas, madre pérfida y traidora,
hazer de mí lo que de mil has hecho
desde que de mi reino eres señora?
   ¡Oh fiero corazón! ¡Oh enorme pecho!
¡Si yo quisiera un tiempo me gozaras
en tu lascivo, infame y sucio lecho;
   después, como a los otros me mataras
por encubrir estas maldades fieras,
que el cielo las descubre y hace claras!
   No son sospechas éstas ni quimeras.
Cuando del templo me sacó Sintabo,
me lo dijo con pruebas verdaderas.
   Tu condición desde el principio al cabo
me dijo; y aunque entonces le creía,
mejor agora de creerle acabo;
   la muerte de mi padre me decía,
la cual con pena dolorosa y fuerte
amargamente yo llorando oía.
   ¡Oh padre amado, permitid que acierte
a vengar vuestra muerte lastimosa,
si puedo yo a mi madre dar la muerte!
   Si por vengaros no es injusta cosa

      matar a quien me trajo en sus entrañas,
yo mataré a mi madre rigurosa.
      Daré fin con su muerte a sus marañas,
acabarán sus vicios y maldades,
sus diabólicas artes y sus mañas;
      evitaré sus fieras crueldades,
cortaréle en agraz su vil deseo,
gozaré yo mis reinos y ciudades.
      Por el eterno Dios que adoro y creo,
que si segunda vez osa tratarme
de su lascivo pensamiento y feo...
      Mas ¿dónde del enojo veo llevarme?
¿A qué la justa ira me convida?
¿Cómo? ¿Por qué, y de quién quiero vengarme?
      ¿Quién dará muerte a quien le dió la vida?

(Sale Semíramis.)

Semíramis   ¿Dónde me podré acoger
para que pueda, valerme?
¿Quién me podrá socorrer
si junta para ofenderme
Amor todo su poder?
      Ninias, si de mi pasión
conoces la furia loca,
no quieras, pues no es razón,
que la descubra la boca,
pues la muestra el corazón.
      Humíllate a mis querellas
y repara en mis tormentos,
pues bastan ellos y ellas
para detener los vientos
y derribar las estrellas.
      No desprecies el dolor

        que muestran mis ojos tiernos,
mira que le causa Amor,
que en cielos, tierra y infiernos
es universal señor.
   Si en el alma y cuerpo y faz
te juzga toda la tierra
por ángel del cielo, haz
que tenga ya fin mi guerra,
pues es de ángeles dar paz.
   Duélate mi pena fuerte
y mi passión dolorida;
trueca mi contraria suerte,
preserva mi triste vida,
evita mi fiera muerte.

Ninias   Que vienes fuera de ti
sin alguna duda creo.

Semíramis   Bien puedes creerlo así,
pues el mal con que peleo
a mí me saca de mí.

Ninias   Para fin de esto y remate
dos cosas mi alma me inspira
metida en este combate
y ardiendo en saña y en ira:
o que te deje, o te mate;
   mas aunque tal seais vos,
el dejaros e irme elijo
de estos pensamientos dos,
así por ser vuestro hijo,
como por temer a Dios.

(Vase Zameis Ninias.)

Semíramis	Mayor dolor que la muerte
	me causará el alejarte,
	que mi tormento más fuerte
	será no poder mirarte,
	pues mi mayor gloria es verte.
	Muera y sea en tu presencia,
	que muerte será gustosa
	y no viva yo en ausencia,
	que es muerte más rigurosa
	y más áspera sentencia.
	No puedo sin ti pasar,
	no puedo sin ti vivir;
	por fuerza te he de buscar,
	por fuerza te he de seguir,
	por fuerza te he de alcanzar.
	No puedes huír de mí,
	que he de correr mucho yo,
	pues quiere que sea así
	el cruel que me hirió
	dejándote sano a ti.
(Sale Zelabo.)	
Zelabo	Reina y señora, si es justo
	que quien de veras desea
	tu contentamiento y gusto
	sepa claramente y vea
	tu descontento y disgusto,
	la causa di del que muestra
	tu rostro triste y turbado,
	y confía de mi diestra
	como siempre has confiado
	en la suerte adversa y diestra.

	De verte turbada así importante causa arguyo, no me la encubras a mí.
Semíramis	Si me tardo, me destruyo; después sabrás más de mí.

(Vase Semíramis.)

Zelabo	Alguna de sus máquinas fabrica
	esta mujer, más que el demonio astuta,
	algún nuevo edificio ya edifica
	con su fuerza tirana y absoluta.
	Eres mujer de condición inicua,
	y cruel y tirana y resoluta;
	eres mujer, al fin, brava y temida,
	no me espanto que seas atrevida;
	   y el ver que cuanto emprende le sucede
	según su pretensión, hará que emprenda
	cualquiera empresa, pues la dicha excede
	a la virtud y a cualquier otra prenda,
	y, quien dichoso se conoce, puede
	soltar en todo a su placer la rienda,
	lo que no, aunque más sea, el desdichado
	que está con su desdicha acobardado.
	   Aunque ésta, ni por ser dichosa osa,
	ni por ser valerosa o avisada,
	sino por ser soberbia y ambiciosa
	y verse en real silla entronizada;
	por ser mujer, por verse poderosa,
	por tener la cruel tiranizada
	esta infelice y grande Monarquía,
	que estar en mano varonil debría.
	   Si aunque se sirva al hombre más preciado

y de más ser que pueda acá ofrecerse
es el servir un yugo tan pesado
que no hay con él quien pueda revolverse,
quien es de una mujer avasallado
¿de que miseria no podrán dolerse?
¡Oh, triste Asiria, a una muger rendida!
¡Oh, servitud amarga y dolorida!
   ¡Oh, triste servitud, tormento eterno
de este engañoso y miserable suelo!
¡Oh, alegre libertad, regalo tierno
del amoroso favorable cielo!
¡Oh, servitud en este mundo, infierno
lleno de horror, de rabia y desconsuelo!
¡Oh, libertad dulcísima y querida!
¡Oh, servitud amarga y dolorida!
   Yo lo puedo afirmar, que he padecido
lo que puede ofrecer Fortuna en esto,
y en un profundo golfo sumergido
me he visto, y en las nubes tal vez puesto;
mas en la cumbre del favor subido,
o sin él, desvalido y descompuesto,
siempre la libertad deseo y lloro,
la libertad, que es el mayor tesoro.
   Y si es miseria estar generalmente
sujeto el hombre como está el vasallo,
quien en particular lo está, ¿qué siente?
Yo pudiera decillo, pero callo,
callo que es el dejarme impertinente,
pues con esto no puedo remediallo.
Sirvo en la guerra y en la corte, donde
la fiel lealtad corrida el rostro esconde.
   La fiel lealtad que de la infiel tirana
simulación el rostro esconde y huye,
la cual de luz sofisticada y vana

vestida, sus bellezas se atribuye,
y tendadora hipócrita inhumana
paz y quietud, vida y honor destruye,
y ambiciosa, insolente y temeraria
es de virtud, sacrílega falsaria.
   La infiel simulación que es bravo un lobo
   disfrazado en un manso corderillo,
que en leales amigos hace un robo
que posible no le es restituíllo,
la infiel simulación, inmenso un globo
imposible a cuadrarlo ni a medillo,
que a su circunferencia es diferente
el centro oculto, inexplicablemente.
   ¡Oh, traidor! ¿Al amigo que obligado
con obras de lealtad te tiene, vendes?
Infiel, por ofender quien te ha enojado,
¿al fiel que nunca te dió enojo ofendes?
¿Si queda el inocente así engañado,
por dicha al cielo así engañar pretendes?
Hipócrita, cruel, ¿desa manera
viertes, envuelta en miel, ponzoña fiera?
   ¡Que entre soldados, cuyos fieles pechos,
tienen en igualdad del mundo el peso,
haya quien pague tan infames pechos,
a la tración, tan sin juicio y seso,
que por satisfacer viles despechos
de guerra den por contraseño el beso
a quien de paz, cual es, le da y recibe
y ni traición ni culpa en sí concibe!
   ¡Bien es, merroria, que me representes
estas miserias, por quien yo me veo
verter del corazón amargas fuentes,
aunque en pasarlas con valor me empleo,
traidores, envidiosos, insolentes

usáis en la traición de tal rodeo,
envolviendo mentiras con verdades,
que no hay averiguaros las maldades!
    Mas, ioh, cielo, a quien todas son más claras
que el Sol, más claro del sereno día!
Tú al de estos perseguido al fin amparas
si él los perdona y solo en ti confía,
si a tus templos acude, si a tus aras
ofrece el alma limpiamente y pia,
si obediente a su príncipe en el mundo
ama al del cielo y terne al del profundo!
    ¡Oh, guerra, ¿quién en ti esperanza pone?
¿Quién de ti fía? ¿Quién de ti no huye?
¿Quién a dejarte ya no se dispone?
¿Quién contigo sus cuentas no concluye?
¡Oh, corte, cuyo caos se compone
de todo cuanto la quietud destruye!
Quien siente tus traiciones y mentiras,
¿qué espera de tus furias y tus iras?
    Que ya, si no es doblado y fementido,
si no es disimulado y cauteloso,
si no es falso, sagaz y entremetido,
si no es adulador, si no es chismoso,
si a más el hombre se verá valido
por más que sea discreto y valeroso,
que al valor el favor no le acompaña
si va desnudo de artificio y maña.
    Si no tiene de víbora la lengua
que veneno mortal vierta, si tienes
el ser malsín y el ser traidor a mengua,
si con virtud o con razón te avienes,
si tu lengua no trueca o si no amengua
con falsos males verdaderos bienes,
ya casi ni en la guerra ni en la corte

cosa tendrás a tu medida y corte.
   ¡Que envidia ya los ánimos confunde
y de suerte los ojos encandila
que no hay ver cosa que en su bien redunde
si el ajeno no abate y le aniquila;
ella todo el metal de vicios funde,
ella todo el licor de ellos distila,
en toclo tiempo, en toda parte lidia
contra virtud, venciendo siempre envidia!
   Con solo un instrumento, el más ligero
y el más pesado que formó Natura,
este monstruo infernal, horrendo y fiero
el bien del mundo destruir procura,
instrumento de carne carnicero,
lengua de envidia vil, lengua perjura,
de cuán heroicas máquinas maquinas
y pones en efeto las ruinas.
   Lengua pesada, leve más que pluma;
lengua leve, pesada más que plomo,
no hay cosa que en el mundo ser presuma
cual eres tú de más y menos tomo;
eres mi vida, eres mi muerte, en suma,
según uso de ti, según te tomo,
pero infiel levantando testimonios
eres ministro fiel de los demonios.
   ¡Oh, fiera, oh brava envidia entronizada
en alto trono de ignorancia horrenda,
con dosel de mentira autorizada
que a verdad y virtud la luz defienda
del fiero corazón alimentada,
que no alcanza de bien sola una prenda,
del que mil tiene, mísero tormento,
infierno de ése que te da alimento.
   ¡Oh, maldiciente, mísero y cuitado,

mira con qué te paga y te contenta
ése tu mentiroso y vil bocado
que de vanas palabras te sustenta!
¡Que un dicho malicioso trasnochado
tienes en tanto precio y tanta cuenta
que a trueco, dices, que por bueno quede
un amigo por él perderse puede!
 Piérdele, charlador, y nadie quiera
no solo ser amigo tuyo; pero
ni dar oídos a tu lengua fiera,
harto castigo a tu pecado fiero;
harto castigo, pero el justo fuera,
ejecutado con rigor severo
a tu lengua, envidioso maldiciente,
cortártela y clavártela en la frente.
 ¡De qué daños es causa y qué maldades
de qué penas, angustias y passiones;
de qué miserias y calamidades,
de qué infortunios y persecuciones,
de qué atroces insultos y crueldades,
de qué injustas afrentas y prisiones,
cuando la envidia o la malicia mueve
la lengua infame y a mentir se atreve!
 Si es el decir verdad, en daño siendo
de tu prójimo, di, pecado grande,
¡cuánto mayor será, traidor, mintiendo,
y solo porque envidia te lo mande!
Vicio infernal, atroz, pecado horrendo,
merecedor que Dios te lo demande,
ser por tu lengua vil honras y vidas
con maliciosos chismes afligidas.
 En decir bien, en causar bien, en cuanto
bien puede desear procurar debe
mover la lengua el hombre siempre, y tanto

gusto en esto tendrá, cuando le pruebe,
que como en cielo de deleite santo
hará que en gustos mil el alma cebe,
gozando en ella en abundante copia
el premio de virtud, que es ella propia.

 (Sale Diarco.)

Diarco   ¿Quién con rebelde corazón e infame
sigue, aunque se interese el bien del mundo
estos tiranos bárbaros crueles,
que el cielo, para fuerte azote nuestro,
por nuestras graves culpas, les da el mando,
el poder y el gobierno de la tierra?
¡Oh, poderoso Dios! ¿qué ha de ser esto?
¿En qué podemos parar los hombres
si somos ya más fieros que las fieras?
¿Qué castigo podrá darnos tu mano
que iguale a nuestras culpas y maldades?
Poco será si envía otro diluvio
si no es de fuego eterno y riguroso.

Zelabo   ¿Qué congoja, qué lástima, qué duelo,
Diarco, a tal exclamación te obliga?
¿Hay novedad alguna? ¿Hay algún caso
que te refresque agora esa miseria?

Diarco   ¡Oh, Zelabo, Zelabo! Escucha, atiende,
sabrás el caso más enorme y fiero,
la maldad más atroz, cruel y horrible
que puede cometer un hombre aleve.
Saliendo agora del real retrete
y llegando a la puerta de la cuadra
que sale al aposento de la reina,

sintiendo voces acerqué los ojos
al agujero de la cerradura
por ver quién era el que en aquella parte
tan sin respeto se descomponía,
y vi, oh Zelabo, una visión horrible,
un terrible espetáculo espantoso;
a Semíramis vi bañada en sangre
asirse de las manos de su hijo
y echarle al cuello los hermosos brazos,
diciéndole con rostro que moviera
a compasión leones y serpientes,
palabras cuyo son confusamente
oía yo, aunque jamás alguna
compreender distintamente pude,
bien que en sus ojos, bien que en sus afectos,
mostrava claramente que pedía
al cruel hijo, al hijo enorme y fiero,
merced, la desdichada, de la vida,
la cual el áspid sordo, el tigre bravo,
le quitó luego con su infame espada,
dándole dos heridas en los pechos
que cada cual pasaba a las espaldas.
¡Oh, triste; oh, fiero; oh, detestable caso!
Cayó la triste en tierra, y en cayendo
Niñias se fue por el retrete suyo
tras sí cerrando tres o cuatro puertas.
Yo quedé siempre viendo a la cuitada,
a la triste Semíramis, que vuelta
con mortal ansia en su sentido, dando
dos altos y tristísimos gemidos
en tierra puso el codo y la mejilla
sobre la palma, y con voz triste y alta,
como rabiando, de esta suerte dijo:
   «¡Hijo cruel, ingrato,

sacrílego, inhumano,
enemigo perverso, mal nacido!»
¿Tan fiero desacato,
tan atrevida mano,
en la que te ha engendrado y te ha parido?
¡Oh, mundo ya perdido!
¿de quién podrá fiar el hombre triste
si a mí mi hijo amado
por ser de mí adorado
me da la muerte? Pero no naciste
tú de mí, fiera horrible,
que es imposible, pues que tal hiziste.
   Cruel, fiero, inhumano,
¿Yo te traje en mi vientre?
¿Yo en mis tiernas entrañas te he engendrado?
No, no; en el suelo hircano,
o en el egipcio, entre
las fieras más crueles te has criado,
de ellas alimentado,
de ellas nacido y engendrado has sido.
Las amas te trocaron
y al que parí mataron,
que no es posible ser de mí nacido
un monstruo tan disforme
tan enorme mal ha cometido.
   Los fieros animales
respetan las entrañas
donde tomaron ser y se engendraron;
¿qué furias infernales
con sus crueles sañas
a ti, perverso hijo, te criaron?
¿Cómo, di, te incitaron
a dar la muerte a quien te dio la vida,
y a quien la propia suya

a la voluntad tuya
con un inmenso amor tuvo rendida?
¿Es este amargo trago
el justo pago de tu fe debida?
   Diciendo así, con un furor rabioso
dio tres o cuatro vueltas por el suelo,
queriendo levantarse, y asentada
volvió a decir con la ansia de la muerte:
   «¿Que ansí debo morirme?
¿Que no busco remedio?
¿Que no hay reparo a mi enemiga suerte?
¿Que no hay quien quiera oírme?
¿Que ya no hay ningún medio
para evitar tan miserable muerte?
¡Oh, trago amargo y fuerte!
¡Oh, muerte repentina, acelerada,
como ladrón salida
a robarme la vida
en medio de mi próspera jornada;
agora acometiste
cuando me viste andar más descuidada!
   ¿Es ésta mi esperanza?
¿Son éstos mis contentos?
¿Es éste el triunfo y gloria de mis glorias?
¿Dónde está mi pujanza?
   ¿Qué son de mis intentos?
¿Qué de mis grandes hechos y vitorias?
¿Son éstas sus memorias?
Mi bien un breve sueño ha sido apena;
mis años y mis días,
mis gozos y alegrías
así han pasado como larga vena
de agua corriente y viva
que el curso aviva a la marina arena.»

| | Y luego echada en tierra, agonizando,
           con los ojos clavados en el cielo,
           con ronca voz quebrada en mil sollozos,
           nombrando siempre el nombre de su hijo
           la triste alma salió, dejando el cuerpo
           anegado en la sangre de sus venas.
           Esto acabo de ver, ésta es la causa
           de mi congoja, de mi duelo y lástima.

Zelabo   Diarco, no te admire ni te asombres,
           que son justicias del eterno cielo,
           porque esa miserable y fiera hembra,
           a quien dices que el hijo ha dado muerte
           mató al marido por quitarle el reino,
           y mientras de él ha sido reina, ha muerto
           a más de mil mancebos con quien ella
           ha dado fin a su apetito ciego,
           gozando a cada cual sola una noche,
           o solo un día en su lasciva cama
           y ella luego después les daba muerte
           por no ser descubierta por alguno
           mientras anduvo de varón vestida,
           entre los cuales mozos mal logrados
           por sus manos, murió aquel buen Zopiro
           después de haber gozado de él un tiempo.
           ¡Al fin mostraste bien, mujer perversa,
           ser nacida de madre infame y torpe!

Diarco   ¿Cómo que fue de infame madre hija?

Zelabo   Sí, que tú, como todos, aún no sabes
           lo que yo sé del nacimiento de ésta.
           No fue su padre Sima el ganadero,
           como pensó Menón el desdichado

        y todos los demás tienen creído;
        un hombre vil y bajo fue su padre;
        su madre fue Derceta, una ramera,
        la cual al lago de Ascalón llegando
        la tomó el parto allí, y allí dio al mundo
        esa hija, y allí dió el alma ella,
        dejando la reciente criatura
        entre matas y peñas, al arbitrio
        de la cruel Fortuna, que tan próspera
        y tan amiga le fue entonces, cuanto
        le ha sido agora falsa y enemiga.
        Proveyó que unas aves la criasen
        llamadas Semirámides, de donde
        el nombre le pusieron los pastores
        que vieron aquel caso, y la llevaron
        a Sima, el mayoral de los ganados,
        que después la crió cual hija propia
        hasta que se casó Menón con ella.
        De este solar, de este linaje viene
        esta mujer cruel, torpe y soberbia.

Diarco   Extrañas cosas son las que me dices,
        pero también, Zelabo, considera
        la maldad que es matar su madre un hombre,
        y demás de esto, acuérdate del fuerte,
        del bravo y alto corazón y espíritu
        de esta cuitada y miserable reina.
        No te olvides, pues eres buen testigo,
        de cuando armada de esde el pie a la frente
        sobre veloz cavallo fiero y alto
        la veías entrar entre la gente armada
        de Egipto y Persia y Libia y Etiopía,
        y no te olvides, que es injusta cosa,
        de cuando sobre el alto y ancho Indo

puso dos mil bajeles, reforzados
de admirables pertrechos nunca vistos,
de máquinas fortísimas y nuevas,
de marineros pláticos y diestros,
de municiones y de bastimentos,
de chusma, palamenta, jarcias y armas,
los cuales se llevaron hasta el río
sobre carros tirados de camellos,
allanando en mil partes altos montes,
levantando en mil partes hondos valles,
a cuya famosísima jornada
íbamos dos míllones de personas,
y la tercera parte de a cavallo.
Acuérdate, Zelabo; ten memoria
de la naval batalla, del conflito
fiero, cruel, horrendo y espantoso,
en que mostró la reina tanto esfuerzo,
mandando que embistiesen sus baxeles
con los del poderoso Escaurobates,
re de las grandes Indias Orientales,
y entre las aguas, fuegos, flechas, piedras,
dardos, lanzas, espadas de las fieras,
inumerables gentes del rey indio;
ya te acuerdas, Zelabo, la braveza,
el inmenso valor y gallardía,
la fortaleza y varonil prudencia
que la reina mostró, principalmente
cuando llegó a embestir su fuerte fusta
la real capitana del contrario,
que en lugar de aterrarse el tierno pecho
de una tierna mujer y delicada
la volvieron más fuerte y animosa
los altos estampidos del encuentro
bravo, terrible, horrendo y temeroso,

| | los bravos truenos, las enormes muertes
| | de los crueles golpes del acero,
| | de las ardientes llamas de los fuegos,
| | de las corrientes de las altas aguas,
| | y al fin de las horribles furias sueltas
| | entre la gente inumerable y brava,
| | y el ver que el fuego entre las aguas queme
| | soldados, marineros, chusma, ropa,
| | mástiles, jarcias, remos, pavesadas,
| | batallolas, filares, filaretes,
| | ballesteros, crujía, popa, proa,
| | y aun con las obras muertas la rajola,
| | las costillas, la quilla y todo el vaso,
| | no la espantaba, antes la encendía
| | en valor, en braveza, esfuerzo y ánimo,
| | tanto, que su baxel rindió al contrario
| | y de más de otros mil tuvo vitoria.

Zelabo   Bien tengo en la memoria, bien me acuerdo,
            Diarco, de las grandes maravillas
            que esta mujer ha hecho en estos años
            que en hábito de hombre disfrazada
            ha sido rey y capitán famoso,
            alcanazndo vitorias y trofeos
            de todos sus contrarios, sino solo
            de aquellos que consigo el hombre trae,
            que son los viles apetitos ciegos,
            de quien ha sido siempre avasallada.

Diarco   Pues iqué diré de su gobierno grande,
            que en la paz comenzava ya a mostrarse,
            y de las grandes obras y edificios
            que ha levantado!..................
            Esta ciudad nos sea testimonio;

dilo tú, Babilonia ilustre y noble,
dígalo tu soberbio y fuerte muro
de ladrillo cozido, fabricado
con hierro y con y con betún del Is asido,
alto docientos pies y ancho cincuenta
y que rueda diez leguas puesto en cuadro,
y que abraza el gran Eúfrates enmedio,
de cien puertas fortísimas cerrado,
y que tiene trescientas altas torres.
¿Qué diré de los huertos milagrosos?
¿Qué de la grande copa o pila de oro?
¿Qué del retrato suyo y de cien damas
hechos de un monte? ¿Y qué de aquel retrato
que la mitad tranzada del cabello
y suelta la mitad muestra, mostrando
que estando en punto tal, le vino aviso
que Babilonia se le rebelaba,
y cual estaba así acudió volando
a dar remedio al daño urgente, y diólo,
antes de dar las trenzas que esperaba
el dorado cabello al viento suelto,
notable ejemplo de inmortal memoria
para remedio de alterados pueblos,
súbita, rigurosa medicina
a súbita, pestífera dolencia?
¿Qué diré, pues, del célebre obelisco,
qué de la puente, qué del alto templo
qué de los otros dos lienzos de muro
que madre son en la ciudad al río?
¿Qué del orden, gobierno y policía
de esta grande república admirable,
obra todo y hechura del ingenio
del corazón, del ánimo invencible
de esta fuerte mujer? ¡Qué inútil peso

                        hace en la tierra fría, fría tierra!
                        ¡Oh vanos pensamientos de los hombres!
                        ¿Para qué tanto amáis las vanidades?
                        ¡Mirá cuán poco dura el bien del suelo,
                        cuán cierto en el mayor contento y gozo
                        es el afán, la pena y desventura!
                        Mirad la que alcanzó el mayor renombre
                        que jamás hasta ella nadie tuvo,
                        pues fue la gran Semíramis llamada.
                        Mirad cuál yace, ¡oh fiero caso!, muerta
                        a manos de su hijo amado y único.

Zelabo   Diarco, escucha, ¿qué ruido suena?
                        A Ninias oigo.

Diarco   Él es, sin duda; él viene.

Zelabo   Esperemos aquí, sea lo que fuere.

Diarco   Eledo asoma, y juntamente vienen
                        los consejeros en su compañía.

   (Salen Zameis Ninias, Janto, Creón, Troilo, Oristenes.)

Ninias   Después que con tal gozo y alegría
                        os partistes de aquí, mi madre amada,
                        que según yo sospecho, ya sabía
                        que su postrera hora era llegada,
                        mil cosas admirables me decía
                        en amorosas lágrimas bañada,
                        y en medio de su plática suave
                        le vi mudado el rostro y cuerpo en ave.

Diarco (Aparte.)   (¡Ha cosa igual! ¿No adviertes la mentira

	que de la muerte de su madre ordena?)
Zelabo (Aparte.)	(Sí advierto, y veo que parece en eso, como en el rostro, a su atrevida madre.)
Ninias	Dos ojos pequeñuelos, encendidos, sus dos claras estrellas se tornaron; las mejillas perdió, frente y oídos; la boca y la nariz pico formaron; dos alas los dos brazos extendidos; piernas y pies en garras se trocaron; pechos, espaldas, cuello y cuerpo, en suma todo se le cubrió de blanca pluma. En una hermosísima paloma al fin vi convertida la difunta, la cual, mirando al cielo, el vuelo toma hacia el Oriente con una alta punta; en esto veo que en el cielo asoma una a mis ojos agradable junta: a Nino y Juno y al potente Belo entonces asomados vi en el cielo. En una blanca nuve perfilada de rubís, perlas y oro relumbrante, la real compañía vi asomada por los claros balcones de levante, adonde la paloma ya llegada fue con amorosísimo semblante de aquellas tres personas recibida y en su divino alcázar acogida. Hirió nuestros oídos, en el punto que llegó la paloma al cielo santo, un tan suave y dulce contrapunto, un tan sonoro y regalado canto, que allá me arrebató con ellos junto

        con gloria tal, con gusto y gozo tanto,
que por gozarle eternamente diera
mil vidas, si mil vidas poseyera.
        Esto es sucintamente lo que pasa
y lo que de mi madre amada vimos.
¡Oh, Fortuna cruel, corta y escasa!
¿En qué hijo y vasallos te ofendimos?

Janto   Fuera en nosotros el llorar sin tasa
si no quedara en ti lo que perdimos,
y el llanto fuera justo en ti si el cielo
no te diera, señor, tanto consuelo.
        Pero pues el eterno Dios piadoso,
que en bien del hombre eternamente vela
por ese medio extraño y milagroso
de la visión, tu espíritu consuela,
y a nosotros y al pueblo venturoso
en tu herencia mil bienes nos revela,
tú enfrena del dolor esos extremos,
y nosotros contigo nos gozemos.

Creón   Conviene, oh sabio príncipe dichoso,
que la divina voluntad se haga.

Troilo   Y más, viendo que siempre Dios piadoso
junta la medicina con la llaga.

Oristenes   Y viendo que el ingrato y desdeñoso
la paciencia de Dios gasta y estraga,
que es juntamente Dios fuerte y suave,
clemente, justiciero, afable y grave.

Diarco (Aparte.)   (¡Qué prisa que se dan a consolarle!)

Zelabo (Aparte.)	(¡Esos son los engaños de los hombres!)
Ninias	Todo lo entiendo, pero no es posible
	que pueda tanto la mortal flaqueza
	que resista del todo un mal terrible,
	aunque no falte al alma fortaleza,
	siendo esta llaga en parte tan sensible,
	dándomela el dolor con tal presteza,
	es imposible no sentir tormento
	y enfrenar el primero movimiento.
Zelabo (Aparte.)	(¡Qué fingir tan astuto y engañoso!)
Diarco (Aparte.)	(En cuerpo y alma todo es cual su madre.)
Ninias	Pero ya reportado, amigos, digo
	que es gran razón que en vez de desconsuelo
	con vosotros me goce yo, y conmigo
	que vosotros tengáis gozo i consuelo,
	pues como debo en hacer esto sigo
	la voluntad del hacedor del cielo,
	cuya mano, que pone y quita leyes,
	tiene los corazones de los reyes.
	Y así conforme a esto me resuelvo
	en que se vuelva el llanto en regocijo,
	pues contra el cielo, sin razón me buelvo,
	si de lo que él se alegra yo me aflijo,
	ya de esta suerte sobre mí revuelvo
	y lo mejor al bien común elijo,
	al bien de todos, que es lo que el rey justo
	ha de mirar primero que a su gusto.
	Mañana con pregones se publique
	este fin de mi madre milagroso,
	y de mi corazón se notifique

	haciéndose aparato suntuoso,
	y justo es que esta hora ya se aplique
	al corporal descanso y el reposo;
	partíos, pues, ioh, fieles consejeros,
	en mi reino y mi alma los primeros!
Janto	El poderoso Dios contigo quede.
Creón	El cielo guarde tu real persona.
Troilo	Dios, señor, te prospere como puede.
Oristenes	Dios engrandezca tu real corona.

(Vanse los cuatro consejeros.)

Ninias	Felizmente la muerte me sucede
	de esta tigre cruel, de esta leona,
	la cual, amigos, muy contraria ha sido,
	de lo que habéis agora de mí oído.
	Tomá esta llave, abrí esa puerta, y fío
	de los dos esto. ¡Y fiara mi vida!
	Ese sangriento cuerpo muerto y frío
	es mi madre, no en ave convertida.
	Y de este caso y del intento mío
	yo os haré relación larga y cumplida.
	Agora vamos con presteza luego
	dar ese lacivo cuerpo al fuego.

(Sale la Tragedia.)

Tragedia	De valor, de bondad, de cortesía,
	de engaño, de maldad y de malicia,
	de discreción, de amor, de valentía,

de pasión, de rencor y de codicia,
de vicio, de crueldad, de tirañía,
de gobierno, de paz y de milicia,
ilustre ejemplo doy al alma ilustre
con que su lustre, como debe, ilustre.

Fin

Libros a la carta

A la carta es un servicio especializado para empresas,
librerías,
bibliotecas,
editoriales
y centros de enseñanza;
y permite confeccionar libros que, por su formato y concepción, sirven a los propósitos más específicos de estas instituciones.

Las empresas nos encargan ediciones personalizadas para marketing editorial o para regalos institucionales. Y los interesados solicitan, a título personal, ediciones antiguas, o no disponibles en el mercado; y las acompañan con notas y comentarios críticos.

Las ediciones tienen como apoyo un libro de estilo con todo tipo de referencias sobre los criterios de tratamiento tipográfico aplicados a nuestros libros que puede ser consultado en Linkgua-ediciones.com.

Linkgua edita por encargo diferentes versiones de una misma obra con distintos tratamientos ortotipográficos (actualizaciones de carácter divulgativo de un clásico, o versiones estrictamente fieles a la edición original de referencia).

Este servicio de ediciones a la carta le permitirá, si usted se dedica a la enseñanza, tener una forma de hacer pública su interpretación de un texto y, sobre una versión digitalizada «base», usted podrá introducir interpretaciones del texto fuente. Es un tópico que los profesores denuncien en clase los desmanes de una edición, o vayan comentando errores de interpretación de un texto y esta es una solución útil a esa necesidad del mundo académico.

Asimismo publicamos de manera sistemática, en un mismo catálogo, tesis doctorales y actas de congresos académicos, que son distribuidas a través de nuestra Web.

El servicio de «libros a la carta» funciona de dos formas.

1. Tenemos un fondo de libros digitalizados que usted puede personalizar en tiradas de al menos cinco ejemplares. Estas personalizaciones pueden ser de todo tipo: añadir notas de clase para uso de un grupo de

estudiantes, introducir logos corporativos para uso con fines de marketing empresarial, etc. etc.

2. Buscamos libros descatalogados de otras editoriales y los reeditamos en tiradas cortas a petición de un cliente.

www.ingramcontent.com/pod-product-compliance
Lightning Source LLC
Chambersburg PA
CBHW051348040426
42453CB00007B/469